Reinhard Abeln

Wir feiern die heilige Messe

Texte und Bilder für Kinder

echter

CIP-Kurztitelaufnahme
der Deutschen Bibliothek

Wir feiern die heilige Messe : Texte und Bilder für
Kinder / Reinhard Abeln. – Würzburg: Echter, 1985.
ISBN 3-429-00901-4
NE: Abeln, Reinhard [Bearb.]

Mit kirchlicher Druckerlaubnis.
Rottenburg, 16. November 1984
E. Mühlbacher, Generalvikar

Die Abdruckerlaubnis aus dem Meßbuch erteilte die Stän-
dige Kommission für die Herausgabe der katholischen Bü-
cher im deutschen Sprachgebiet.

Mitglied der Verlagsgruppe »engagement«

© 1985 Echter Verlag Würzburg
Fotos: Hans Heer
Umschlag: Josef Langhans
Gebet S. 64/65 aus:
W. Schöpping, Kinder beten gemeinsam.
Gesamtherstellung: Echter Würzburg
Fränkische Gesellschaftsdruckerei und Verlag GmbH
ISBN 3-429-00901-4

Inhalt

Abkürzungen

In diesem Gebetbuch findet Ihr einige Abkürzungen.
Sie bedeuten:

P = Priester
D = Diakon
V = Vorbeter
L = Lektor
A = Alle

Vorwort

Liebe Mädchen und Jungen!

Der erste Tag in der Woche ist der Sonntag. An diesem Tag ist es auf der Straße nicht so laut wie am Werktag. Die Geschäfte sind geschlossen, die Lastwagen fahren nicht, die Erwachsenen brauchen nicht zur Arbeit und die Kinder nicht zur Schule. Der Sonntag ist ein Erholungstag, ein Ruhetag.

Gott will, daß wir am Sonntag von der Arbeit frei sind, denn der Sonntag ist der Tag des Herrn. An einem Sonntag ist Jesus von den Toten auferstanden. Seitdem erinnert uns Christen jeder Sonntag an die Auferstehung des Herrn.

Wir kommen in der Kirche zusammen und feiern mit dem Priester die heilige Messe. In der heiligen Messe ist der auferstandene Herr mitten unter uns; wir begegnen ihm. Er lädt uns ein, auf sein Wort zu hören und an seinem Tisch Gast zu sein.

Dieses Gebetbuch will Euch helfen, daß Ihr die heilige Messe richtig und andächtig mitfeiern könnt. Es enthält die wichtigsten Texte, die der Priester und die Gemeinde zusammen beten. Am Beginn der einzelnen Gebetstexte stehen jeweils ein paar erläuternde Hinweise.

Ich wünsche mir, daß Ihr dieses Gebetbuch oft in die Hand nehmt. Betet die Texte der heiligen Messe ganz bewußt mit! Laßt Euch aber auch durch sie immer wieder anregen, mit eigenen Worten zu beten und mit Gott ins Gespräch zu kommen.

Reinhard Abeln

Eröffnung

Wir haben uns versammelt

Wir sind mit unseren Eltern, Geschwistern und Freunden zum Gottesdienst zusammengekommen. Wir wollen das Opfermahl Jesu feiern. Zur Eröffnung singen wir ein Lied. Der Priester geht zum Altar, küßt ihn und begibt sich mit den Ministranten zu den Sitzen. Alle stehen und machen das Kreuzzeichen. Der Priester spricht:

P: † Im Namen des Vaters und des Sohnes und des Heiligen Geistes.

A: Amen.

Der Priester begrüßt uns

Der Priester breitet die Hände aus und begrüßt alle, die im Gotteshaus versammelt sind.

P: Der Herr sei mit euch.
   oder
P: Die Gnade unseres Herrn Jesus Christus, die Liebe Gottes, des Vaters, und die Gemeinschaft des Heiligen Geistes sei mit euch.
A: Und mit deinem Geiste.

Nun führt der Priester mit einigen Sätzen in den Gottesdienst ein.

Wir bekennen unsere Schuld
(Allgemeines Schuldbekenntnis)

Bevor wir das Wort Gottes hören und das Opfer Christi feiern, bitten wir Gott um Verzeihung für das, was wir falsch gemacht haben. Gott schaut mit Liebe auf uns, er versteht uns. Er verläßt uns auch nicht, wenn wir etwas getan haben, was nicht in Ordnung war. Das macht uns froh. Es gibt viele Texte zum Schuldbekenntnis. Wir beten das »Allgemeine Schuldbekenntnis«.

P: Wir sprechen das Schuldbekenntnis:
A: Ich bekenne Gott, dem Allmächtigen,
und allen Brüdern und Schwestern,
daß ich Gutes unterlassen
und Böses getan habe
– ich habe gesündigt
in Gedanken, Worten und Werken
durch meine Schuld,
durch meine Schuld,
durch meine große Schuld.
Darum bitte ich die selige
Jungfrau Maria,
alle Engel und Heiligen
und euch, Brüder und Schwestern,

für mich zu beten
bei Gott, unserem Herrn.

P: Der allmächtige Gott erbarme sich
unser. Er lasse uns die Sünden nach
und führe uns zum ewigen Leben.

A: Amen.

Wir bitten den Herrn (Kyrie)

*Es folgen die Bitten »Herr, erbarme dich – Christus er-
barme dich«. Man nennt sie »Kyrie-Rufe«. Diese Rufe
können auch zusammen mit einem Eröffnungslied ge-
sungen oder gemeinsam mit dem Schuldbekenntnis
gebetet werden.*

V: Herr, erbarme dich (unser).

A: Herr, erbarme dich (unser).

V: Christus, erbarme dich (unser).

A: Christus, erbarme dich (unser).

V: Herr, erbarme dich (unser).

A: Herr, erbarme dich (unser).

Wir loben Gott (Gloria)

Alles, was wir haben, haben wir von Gott: die Augen, die Ohren, die Hände, den Verstand, die Sprache, die Freude, das Glück, das Leben. Er hat uns so vieles gegeben, damit wir glücklich sind und uns freuen können. Wir loben Gott, unseren himmlischen Vater, im »Gloria« (= Ehre, Ruhm, Preis) und sagen (singen) ihm unsere Freude.

A: Ehre sei Gott in der Höhe und Friede
    auf Erden den Menschen seiner Gnade.
    Wir loben dich, wir preisen dich,
    wir beten dich an, wir rühmen dich
    und danken dir,
    denn groß ist deine Herrlichkeit:
    Herr und Gott, König des Himmels,
    Gott und Vater, Herrscher über das All,
    Herr, eingeborener Sohn,
    Jesus Christus.
    Herr und Gott, Lamm Gottes,
    Sohn des Vaters,
    du nimmst hinweg die Sünde der Welt:
    erbarme dich unser;
    du nimmst hinweg die Sünde der Welt:

nimm an unser Gebet;
du sitzest zur Rechten des Vaters:
erbarme dich unser.
Denn du allein bist der Heilige,
du allein der Herr,
du allein der Höchste: Jesus Christus,
mit dem Heiligen Geist,
zur Ehre Gottes des Vaters. Amen.

Wir beten (Tagesgebet)

*Der Priester lädt uns zum Gebet ein. Er breitet die
Hände aus und spricht oder singt das »Tagesgebet«.
Im »Tagesgebet« kommt das besondere Anliegen des
jeweiligen Tages zum Ausdruck. Wir wollen still zuhö-
ren und Gott bitten, er möge uns immer beschützen.*

P: Lasset uns beten: ... Darum bitten wir
durch Jesus Christus, deinen Sohn, unseren Herrn und Gott, der in der Einheit
des Heiligen Geistes mit dir lebt und
herrscht in alle Ewigkeit.

A: Amen.

Wortgottesdienst

Wir hören Gottes Wort (Lesung)

Jesus hat zu den Aposteln gesagt: »Wer meine Worte hört und sie hält, der ist es, der mich liebt.« Auch wir hören in der Lesung Gottes Wort. Der Lektor geht zum Stehpult (Ambo) und liest den Text aus der Heiligen Schrift vor (meist aus dem Alten Testament oder aus den Briefen des Apostels Paulus). Wir hören sitzend zu und nehmen das Wort Gottes in unser Herz auf. Zum Schluß heißt es:

L: Wort des lebendigen Gottes.
A: Dank sei Gott.

An Sonn- und Feiertagen können auch zwei Lesungen vorgetragen werden.

Wir rufen Halleluja

Wenn Gottes Wort verkündet wird, ist Christus besonders bei uns. Wir danken für dieses Wort und rufen vor dem Evangelium: Hoch lebe der Herr.

V: Halleluja (Halleluja, Halleluja).
A: Halleluja (Halleluja, Halleluja).
V: Himmel und Erde werden vergehn;
aber deine Worte werden nicht
vergehn.
A: Halleluja (Halleluja, Halleluja).

Der Priester verkündet das Evangelium

*Gottes Wort ist für uns eine Frohe Botschaft. Evange-
lium heißt nämlich: Frohe Botschaft. Darin hören wir,
was Jesus gesagt und getan hat. Wir stehen dazu auf
und machen je ein Kreuzzeichen auf die Stirn, den
Mund und das Herz. Damit wollen wir ausdrücken: Es
ist der Herr, unser Gott, der zu uns spricht. Bereitwil-
lig schließen wir uns – unser Denken, unser Reden
und Tun – für sein Wort auf.*

P/D: Der Herr sei mit euch.
  A: Und mit deinem Geiste.
P/D: Aus dem heiligen Evangelium nach
      Matthäus – Markus – Lukas –
      Johannes.
  A: Ehre sei dir, o Herr.

Nach dem Evangelium heißt es:

P/D: Evangelium unseres Herrn
      Jesus Christus.
  A: Lob sei dir, Christus.

Der Priester spricht mit uns (Predigt)

An das Evangelium schließt sich die Predigt an. Der Priester (Diakon...) erklärt uns das Wort Gottes. Wir denken darüber nach, was Jesus uns sagen will. Zum Beispiel:

»Liebet einander, wie ich euch geliebt habe!«

»Ich bin der gute Hirt. Ich kenne alle, die zu mir gehören.«

»Ich bin gekommen, damit ihr das Leben habt.«

»Deine Sünden sind dir vergeben. Geh hin und sündige nicht mehr!«

»Alles, um was ihr den Vater in meinem Namen bittet, das wird er euch geben.«

»Ich gehe hin, euch eine Wohnung zu bereiten.«

»Wer mein Fleisch ißt und mein Blut trinkt, der hat das ewige Leben, und ich werde ihn auferwecken am Jüngsten Tage.«

»Möget ihr essen oder trinken oder sonst etwas tun: Tut alles zur Ehre Gottes!«

Wir bekennen unseren Glauben
(Apostolisches Glaubensbekenntnis)

Mit diesem Gebet bekennen wir uns zu Gott, dem allmächtigen Vater, zu Jesus Christus, der uns von aller Schuld erlöst hat, und zum Heiligen Geist, der uns in der Kirche führt. Das Apostolische Glaubensbekenntnis enthält in seiner kurzen Form die wichtigsten Inhalte des katholischen Glaubens.

A: Ich glaube an Gott, / den Vater, den Allmächtigen, / den Schöpfer des Himmels und der Erde, /
und an Jesus Christus, / seinen eingeborenen Sohn, unsern Herrn, / empfangen durch den Heiligen Geist, / geboren von der Jungfrau Maria, / gelitten unter Pontius Pilatus, / gekreuzigt, gestorben und begraben, / hinabgestiegen in das Reich des Todes, / am dritten Tage auferstanden von den Toten, / aufgefahren in den Himmel; / er sitzt zur Rechten Gottes, des allmächtigen Vaters; / von dort wird er kommen, zu richten die Lebenden und die Toten. /

Ich glaube an den Heiligen Geist, / die heilige katholische Kirche, / Gemeinschaft der Heiligen, / Vergebung der Sünden, / Auferstehung der Toten und das ewige Leben. / Amen.

Wir bitten füreinander (Fürbitten)

Im Abendmahlssaal hat Jesus gebetet: für seine Apostel, für die Kirche, für uns alle, für die ganze Welt. Wir bitten oft nur für uns selbst. Aber wir sollen auch für andere Menschen bitten. Viele Menschen brauchen unser Gebet. Wir wollen dies in den Fürbitten (Allgemeines Gebet) tun, die vom Priester eingeleitet und abgeschlossen werden. Die einzelnen Bitten können vom Diakon, vom Lektor oder von anderen vorgetragen werden. Hier ein paar Beispiele:

P: Zu Christus, unserm Herrn, der uns hört, wenn wir zu ihm rufen, wollen wir beten:
V: Für den Papst, daß er die Kirche gut leitet.

V: Christus, höre uns. A: Christus, erhöre uns.

V: Für unseren Bischof, daß er ein guter Vater des Bistums ist.

V: Christus, höre uns. A: Christus, erhöre uns.

V: Für die Politiker, daß sie uns gut regieren.

V: Christus, höre uns. A: Christus, erhöre uns.

V: Für alle Völker, daß sie in Frieden leben können.

V: Christus, höre uns. A: Christus, erhöre uns.

V: Für die Kranken, daß sie wieder gesund werden.

V: Christus, höre uns. A: Christus, erhöre uns.

V: Für alle Arbeitslosen, daß sie wieder Arbeit bekommen.

V: Christus, höre uns. A: Christus, erhöre uns.

P: Denn du, Herr Jesus, bist Freund aller Menschen. Dich preisen wir mit dem Vater und dem Heiligen Geist in Ewigkeit.

A: Amen.

Eucharistiefeier

Wir bringen Gott unsere Gaben
(Gabenbereitung)

Die Eucharistiefeier beginnt mit der Bereitung der Ga-
ben auf dem Altar. Brot (Hostien), Wein und Wasser
werden zum Altar gebracht. Damit soll ausgedrückt
werden: Wir schenken Gott alles, was wir haben. Wir
schenken ihm unser Herz. In vielen Kirchen wird auch
die Geldsammlung (Kollekte) vor den Altar gebracht.
Der Priester betet zur Gabenbereitung:

P: Gepriesen bist du, Herr, unser Gott,
Schöpfer der Welt. Du schenkst uns das
Brot, die Frucht der Erde und der
menschlichen Arbeit. Wir bringen dieses
Brot vor dein Angesicht, damit es uns
das Brot des Lebens werde.
Gepriesen bist du, Herr, unser Gott,
Schöpfer der Welt. Du schenkst uns den
Wein, die Frucht des Weinstocks und
der menschlichen Arbeit. Wir bringen
diesen Kelch vor dein Angesicht, damit
er uns der Kelch des Heiles werde.
Herr, wir kommen zu dir mit reumütigem
Herzen und mit demütigem Sinn. Nimm
uns an und gib, daß unser Opfer dir gefalle.

Wir beten das Gabengebet

Nach der Händewaschung geht der Priester in die Mitte des Altars und spricht:

P: Lasset uns beten zu Gott, dem allmächtigen Vater, daß er die Gaben der Kirche annehme zu seinem Lob und zum Heil der ganzen Welt.
oder
Betet, Brüder und Schwestern, daß mein und euer Opfer Gott, dem allmächtigen Vater, gefalle.

A: Der Herr nehme das Opfer an aus deinen Händen zum Lob und Ruhm seines Namens, zum Segen für uns und seine ganze heilige Kirche.

Jetzt breitet der Priester die Hände aus und trägt das Gabengebet vor. Am Schluß sagen wir alle: Amen (das heißt: so soll es sein).

Wir sagen Dank
(Eucharistisches Hochgebet)

Das eucharistische Hochgebet (= Präfation) beginnt mit dem Wechselspruch zwischen Priester und Gemeinde. Alle werden aufgerufen, mit Herz und Stimme mitzutun. Der Priester breitet seine Arme aus und spricht (oder singt):

P: Der Herr sei mit euch.
A: Und mit deinem Geiste.
P: Erhebet die Herzen.
A: Wir haben sie beim Herrn.
P: Lasset uns danken dem Herrn,
      unserm Gott.
A: Das ist würdig und recht.

Dann betet oder singt der Priester ein Lob- und Dankgebet. Er lobt und dankt Gott für Jesus Christus.

P: In Wahrheit ist es würdig und recht...

Wir loben Gott (Sanctus)

Wir beten (oder singen) gemeinsam das Sanctus (= Heilig). Dieses Gebet geht zurück auf einen Text beim Propheten Jesaja (6,2f.):

A: Heilig, heilig, heilig
   Gott, Herr aller Mächte und Gewalten.
   Erfüllt sind Himmel und Erde
   von deiner Herrlichkeit.
   Hosanna in der Höhe.
   Hochgelobt sei,
   der da kommt im Namen des Herrn.
   Hosanna in der Höhe.

Der Priester breitet die Hände aus und spricht:

P: Ja, du bist heilig, großer Gott, du bist der
   Quell aller Heiligkeit. Darum bitten wir
   dich: Sende deinen Geist auf diese Gaben herab und heilige sie, damit sie uns
   werden Leib und Blut deines Sohnes,
   unseres Herrn Jesus Christus.

Der Priester spricht die Worte Jesu über Brot und Wein
(Hochgebet)

Wie Jesus beim Letzten Abendmahl spricht nun der Priester über Brot und Wein die Worte: »Das ist mein Leib... Das ist mein Blut.« Wenn der Priester dies tut, spricht nach dem Glauben der Kirche durch ihn Christus selbst. Unter den Gestalten von Brot und Wein wird Jesus Christus gegenwärtig.

P: Denn am Abend, an dem er ausgeliefert wurde und sich aus freiem Willen dem Leiden unterwarf, nahm er das Brot und sagte Dank, brach es, reichte es seinen Jüngern und sprach:
Nehmet und esset alle davon: Das ist mein Leib, der für euch hingegeben wird.

Ebenso nahm er nach dem Mahl den Kelch, dankte wiederum, reichte ihn seinen Jüngern und sprach:

Nehmet und trinket alle daraus: Das ist der Kelch des neuen und ewigen Bundes, mein Blut, das für euch und für alle vergossen wird zur Vergebung der Sünden.

Tut dies zu meinem Gedächtnis.

Wir bekennen uns zu diesem Geheimnis

Durch die Worte des Priesters werden Brot und Wein zum Leib und Blut des Herrn. Wir danken Jesus, daß er uns durch seinen Tod das Leben geschenkt hat.

P: Geheimnis des Glaubens.

A: Deinen Tod, o Herr, verkünden wir, und deine Auferstehung preisen wir, bis du kommst in Herrlichkeit.

oder

Sooft wir dieses Brot essen und aus diesem Kelch trinken, verkünden wir deinen Tod, o Herr, bis du kommst in Herrlichkeit.

Der Priester bittet für uns

Dann bittet der Priester den gütigen Vater im Himmel, er möge an die Kirche auf der ganzen Erde denken, an alle Verstorbenen und an uns, damit auch wir eines Tages das ewige Leben erhalten und in Freude bei Jesus leben können. Diese Bitte schließt mit einem Lobpreis:

P: Durch ihn und mit ihm und in ihm ist dir, Gott, allmächtiger Vater, in der Einheit des Heiligen Geistes alle Herrlichkeit und Ehre jetzt und in Ewigkeit.

A: Amen.

Kommunion

Wir sprechen das Gebet Jesu (Vater unser)

Nach dem Hochgebet lädt uns der Priester zum »Gebet des Herrn«, zum »Vater unser«, ein. Wir beten es gleichsam als Tischgebet. In diesem Gebet, das uns Jesus selbst gelehrt hat, dürfen wir Gott um alles bitten, was wir brauchen.

P: Wir heißen Kinder Gottes und sind es.
Darum beten wir voll Vertrauen:
oder
Lasset uns beten, wie der Herr uns zu beten gelehrt hat:

A: Vater unser im Himmel,
Geheiligt werde dein Name.
Dein Reich komme.
Dein Wille geschehe,
wie im Himmel so auf Erden.
Unser tägliches Brot gib uns heute.
Und vergib uns unsere Schuld, wie auch wir vergeben unsern Schuldigern.
Und führe uns nicht in Versuchung,
sondern erlöse uns von dem Bösen.

P: Erlöse uns, Herr ...

A: Denn dein ist das Reich und die Kraft und die Herrlichkeit in Ewigkeit. Amen.

Wir wünschen uns den Frieden
(Friedensgebet)

Als Kinder des himmlischen Vaters wünschen wir uns nun den Frieden. Wir wollen allen verzeihen, die uns etwas Böses getan haben. Wir wollen einander so lieben, wie Jesus uns geliebt hat. Wir wollen mit allen Kindern und Erwachsenen Frieden halten. Der Friede Christi verbindet unsere Herzen.

P: Der Friede des Herrn sei allezeit mit euch.

A: Und mit deinem Geiste.

P/D: Gebt einander ein Zeichen des Friedens und der Versöhnung.

Wir geben unseren Banknachbarn die Hand. Mit dem Wunsch »Der Friede sei mit dir« sind wir untereinander verbunden, zeigen wir unsere Liebe.

Der Priester bricht das Brot

Im Abendmahlssaal teilte Jesus das Brot mit seinen Jüngern. So bricht nun auch der Priester die Hostie in mehrere Teile. Wir alle bekommen ein Stück davon und haben so Anteil an dem einen Leib Christi. Da die Begegnung mit Jesus ein großes Gnadengeschehen ist, rufen wir Gott um sein Erbarmen an:

A: Lamm Gottes,
   du nimmst hinweg die Sünde der Welt:
   erbarme dich unser.

   Lamm Gottes,
   du nimmst hinweg die Sünde der Welt:
   erbarme dich unser.

   Lamm Gottes,
   du nimmst hinweg die Sünde der Welt:
   gib uns deinen Frieden.

Der Priester lädt zur
heiligen Kommunion ein

Der Priester lädt uns zum Empfang der heiligen Kommunion ein und spricht:

P: Seht das Lamm Gottes, das hinwegnimmt die Sünde der Welt.

A: Herr, ich bin nicht würdig, daß du eingehst unter mein Dach, aber sprich nur ein Wort, so wird meine Seele gesund.

P: Selig, die zum Hochzeitsmahl des Lammes geladen sind.

Der Priester teilt das Brot aus

Der Priester teilt nun die heilige Kommunion aus. Wenn wir die Hostie empfangen, werden wir eins mit Jesus; gleichzeitig werden wir in Liebe eins untereinander. In der heiligen Kommunion werden wir zum Leib Christi, zur Gemeinschaft der Christen. Wir werden Kirche. Der Priester spricht zu jedem einzelnen:

P: Der Leib Christi.

Wir antworten:

A: Amen.

Wir beten nach der heiligen Kommunion

Nach dem Empfang der heiligen Kommunion können wir uns still an unseren Platz knien und ein Gebet sprechen. Wir wollen Jesus danken, daß er leibhaft und spürbar zu uns gekommen ist und sich mit uns vereinigt hat. Dabei können wir auch folgende Gebete verwenden:

Jesus, du bist ganz bei mir,
ich danke, guter Jesus, dir.
Du bist bei mir eingekehrt,
dem die ganze Welt gehört.

Du, mein Jesus, bist mein Licht,
du bist meine Zuversicht.
Fort ist alle dunkle Nacht;
denn du hast mich hell gemacht.

Du, mein Jesus, bist mein Leben!
Alles hast du mir gegeben.
Alles, was ich bin und habe,
ist ja deine Freundesgabe.

Du, mein Jesus, bist mein Ziel,
bei der Arbeit und beim Spiel.
Du sollst immer mit mir gehn,
was auch immer mag geschehn.

Du, mein Jesus, bist mein Freund!
Ganz bin ich mit dir vereint.
Du in mir, und ich in dir.
Herzlich dank' ich dir dafür.

Der Priester betet das Schlußgebet

Der Priester reinigt die Kommunionschale und den Kelch. Nach einer kurzen Zeit der Stille singt oder betet er das Schlußgebet (Gotteslob Nr. 365, 6):

P: Barmherziger Gott, du hast uns alle mit dem Brot vom Himmel gestärkt. Erfülle uns mit dem Geist deiner Liebe, damit wir ein Herz und eine Seele werden. Darum bitten wir durch Christus, unseren Herrn.

A: Amen.

Entlassung

Der Priester segnet uns

Wir danken dem guten Gott, weil er uns so sehr liebt. Diese Liebe wollen wir an alle weitergeben, denen wir in der Schule, auf der Straße, im Schwimmbad, im Bus oder auf dem Spielplatz begegnen. Bevor wir nach Hause gehen, gibt uns der Priester den Segen und entläßt uns mit dem Friedensgruß.

P: Der Herr sei mit euch.

A: Und mit deinem Geiste.

P: Es segne euch der allmächtige Gott, der Vater und der Sohn und der Heilige Geist.
Wir bezeichnen uns mit dem Zeichen des Kreuzes.

A: Amen.

P/D: Gehet hin in Frieden.

A: Dank sei Gott, dem Herrn.

Nun gehen wir nach Hause – Jesus im Herzen und ganz erfüllt von seiner Freundschaft.

Ein Wort zum Abschluß

Nicht nur in der Kirche, auch zu Hause wollen wir mit Gott sprechen, das heißt ihn loben, ihm danken und ihn um etwas bitten. Es gibt da viele Gelegenheiten, z. B. vor und nach dem Essen oder am Morgen und am Abend. Auch die wichtigsten Grundgebete der Kirche sollten wir immer wieder – allein oder mit unseren Eltern – beten. Ihr findet diese Gebete im »Gotteslob«. Nur wer betet, bekommt im Laufe der Zeit eine lebendige Beziehung zu Gott – eine Beziehung, die ihm auf seinem Lebensweg hilft und die ihn allezeit froh macht.